COMPENDIO DE LAS LEYES DE BUXTON, MURPHY, HANLON Y OTRAS BARBARIDADES ESTADISTICAS

EL ESTADISTICO DE GUARDIA

ISBN 978-1-326-62320-3

Recopilatorio de internet por Toni Monleón-Getino

2016

Fuente: http://www5.uva.es/muestreo/

Este libro se empezó a escribir en Barcelona el 01 de ENERO de 2016.

Publica: Lulu enterprise editions. (www.lulu.com)

ISBN: 978-1-326-62320-3

Procedente de internet (material de libre difusión) y Fuentes propias.

Barcelona. 09/04/2016

Autor: Toni Monleón Getino. Profesor del Departamento de Estadística de la Universidad de Barcelona. amonleong@ub.edu

Ilustraciones, chistes y otros: Internet

http://www5.uva.es/muestreo/

Este libro lúdico y recopilatorio se inspira en las pseudo-leyes científicas que circulan por internet o dentro de la cultura popular y que lejos de rechazar o burlarnos de ella, nos deben hacer reflexionar.

Este recopilatorio está inspirado en el libro: **Monleón-Getino. 2015. La Ley de Buxton. Lulu Pres inc. Barcelona. ISBN: 9781326440015**

El tiempo es algo misterioso y extraño para los humanos, pasa a veces imperceptible, lento o a veces demasiadodeprisa. Albert Einstein pensó en lo relativo que era toda su vida, llegando a imaginar la Teoría de la Relatividad, viendo pasar trenes en Suiza, mientras perdía el tiempo (valga la redundancia). En general no somos capaces de controlar el paso del tiempo ("tempus fugit") y menos aún organizar todos los eventos que hemos de hacer a lo largo de un día. Pero, ¿existe alguna ley, no física y no matemática que nos desconcierte todavía más sobre el paso del tiempo?. Pues efectivamente es la que se conoce popularmente como "La Ley de Buxton" que dice "siempre es pronto hasta que es demasiado tarde". Y como esta ley, el universo está lleno… Leyes como la de Murphy, Buxton o Hanlon son una expresión directa de las perversidades en el orden del universo. Existe una demostración física para el hecho de que efectivamente la tostada tiene mayor probabilidad de caer del lado de la mantequilla, pero es debido a otros factores. Son lo que se conocen como ADAGIOS: frases cortas pero memorables que contienen y expresan algún elemento de conocimiento o experiencia importante, considerados ciertos por mucha gente, o que ha ganado cierta credibilidad a través de su uso continuado.

A mis compañeros y compañeras de los desayunos de cada mañana en el bar de la Facultad de Biología. Creo que hemos inventado y utilizado muchos de estos principios.

SONRÍE HOY!!!!!!... Mañana será peor

LEYES, TEOREMAS, COROLARIOS, REGLAS ROMANAS, FALACIAS, AXIOMAS, HIPOTESIS, RECORDATORIOS, POSTULADOS, PRINCIPIOS, PRECEPTOS Y OTRAS BARBARIDADES

- ☺ Siempre es pronto hasta que es demasiado tarde (Ley de Buxton)
    1. Más vale tarde que nunca (1r Corolario de Monleón)
    2. Nunca pasa nada hasta que pasa algo (2º Corolario de Monleón)
- ☺ La probabilidad de que un hecho improbable suceda es siempre superior a los cálculos que se han hecho de que no sucada (Ley estadística)
- ☺ Nunca atribuyas a la maldad lo que puede ser explicado por la estupidez (Principio de Hanlon)
- ☺ Cualquier cosa que pueda ir mal, ... irá mal. (Ley de Murphy)
- ☺ Si una cosa puede ir mal, irá mal por triplicado. (Ley de Murphy sobre el gobierno)
- ☺ Si hay diversas cosas que pueden ir mal, irá mal, la que haga más daño. (Corolario de Murphy)

☺ La ley de Murphy, no la inventó Murphy, sino otro hombre que se llamaba igual.

☺ La probabilidad de que una tostada se caiga con el lado de la mantequilla hacia abajo es proporcional al precio de la alfombra (Ley de Murphy modificada)

1. Corolario: Las probabilidades se disparan cuando la tostada tiene mermelada de frutas del bosque.
2. Corolario del corolario: Si la tostada no cae sobre el lado de la mantequilla será porque eso habría, al menos, tenido su gracia.

☺ La persona subestima la cantidad de estúpidos que la rodean (1ª ley de la esupidez)

☺ La probabilidad que una persona sea estúpida no depende de sus otras cualidades (2ª ley de la estupidez)

☺ Dos colas no son más que el principio. (Corolario de Kuhin sobre la ley de Murphy)

☺ Nada es tan fácil como parece. (Primer corolario de Murphy)

☺ Todo requiere más tiempo del que prevés. (Segundo corolario de Murphy)

- ☺ Si varias cosas pueden ir mal, irá la que genere problemas mayores. (Tercer corolario de Murphy)
- ☺ Las fotocopiadoras solo estropean los documentos más importantes.
  Corolario: Si una fotocopiadora se desbanda hará 180 copias, y lo hará cuando se trate de un documento personal. (Ley de Murphy sobre la oficina)
- ☺ Si sabes que una cosa puede ir mal y tomas todas las precauciones irá mal otra cosa.
- ☺ La experiencia es una cosa que no tienes hasta después de haberla necesitado. (Ley de Olivier)
- ☺ No hay nada tan inevitable, como un error cuando es su hora. (Ley de Tussman)
- ☺ Nunca seas el primero. Nunca seas el último. Nunca te presentes voluntario. (Ley del señor Caqui)
- ☺ Cualquier burocracia reestructurada para ser más eficiente, es al cabo de poco tiempo idéntica a la situación anterior. (Ley de Mr. Soper)

- ☺ Quien dice que una cosa no se puede hacer, no debe interrumpir nunca a quien lo está haciendo. (Regla Romana)
- ☺ Decir que harás una cosa más adelante, equivale a decir que no la harás. (Ley de la Inercia)
- ☺ Una corbata limpia atrae la sopa. (Dilema de las cenas)
- ☺ Cualquier problema sencillo se convierte en insalvable, si se hacen las suficientes reuniones para discutirlo. (Ley de Mitchell sobre las comisiones)
- ☺ Si un objeto y lo vuelves a armar suficientes veces, es probable que termines sacando dos. (Ley de Rap sobre la producción de los objetos inanimados)
- ☺ Si sólo tienes un martillo todo te parece un clavo. (Observación de Baruch)
- ☺ La probabilidad de que un hombre joven encuentre una chica deseable y receptiva crece poporcionalmente cuando él está:
  (1) esperando a otra chica
  (2) con su mujer,
  (3) con un amigo mejor plantado y más rico.

- ☺ Decir que una persona no es más que un conjunto de células, equivale a decir que las obras de Shakespeare, son simplemente un conjunto de letras. (Falacia de Sagar)
- ☺ Cualquier herramienta que caiga irá a parar al rincón más inaccesible. Corolario: De camino hacia el rincón. Cualquier objeto que caiga lo hará sobre tu pie. (Ley de Anthony sobre los talleres)
- ☺ Si cuando estás haciendo un trabajo guardas una herramienta, la volverás a necesitar al cabo de pocos minutos. (Ley de Tocanarices)
- ☺ Cuando más importantes sean las notas que estás preparando, más probabilidades hay de que se te rompa la punta del lápiz. (Primera ley de las reuniones de negocios)
- ☺ Nunca entenderás con claridad, el nombre de la persona más importante. Corolario: No importa que lo hayas entendido con claridad, seguro que lo pronunciarás mal. (Segunda ley de las reuniones de negocios)

- ☺ Los aparatos eléctricos, fallarán en el momento más inconveniente. (Primera ley de Murphy sobre la construcción)
- ☺ Cuando desarmes cualquier cosa para arreglar un pequeño problema, causarás un problema más grande. (Segunda ley de Murphy sobre la construcción)
- ☺ Cuanto más planificas un proyecto, más embrollos hay cuando algo falla. (Tercera ley de Murphy sobre la construcción)
- ☺ Cuando un trabajo está terminado, es cuando se descubre la manera más sencilla de hacerlo. (Cuarta ley de Murphy sobre la construcción) Corolario: Arreglos precarios que parecen duraderos a mitad del trabajo nunca terminarán bien.
- ☺ Si una idea puede superar una revisión burocrática y ser llevada a término, es que no valía la pena. (Hipótesis burocrática de Mollison)
- ☺ Una reunión es un hecho en el que se aprovechan los minutos y se pierden las horas. (Axioma de Gourd)

- ☺ Es más fácil desarmar, que volver a armar. (Ley de Washelsky)
- ☺ Para calcular el tiempo que costará hacer un trabajo, calcula el tiempo que tendría que costar, dóblalo, cámbiate la unidad de medida al nivel superior. Es decir asigna dos días si crees que tendría que durar 1 hora.
- ☺ Las tonterías puras tienden a eliminar las tonterías ordinarias en la TV. (Ley de Kitman)
- ☺ Nada sale tal y como está previsto.
- ☺ Siempre encuentras las cosas en el último rincón donde las buscas. (Ley de Boob)
- ☺ El 80% de los conductores se consideran a ellos mismos por encima de la media. (Recordatorio de Grelb)
- ☺ En un compromiso social, aquello que es más difícil de hacer acostumbra a ser lo que se tiene que hacer. (Ley de Meyer)
- ☺ Di no, después negocia. (Ley de Carlos)
- ☺ Nunca se aprende a jurar hasta que no se ha sacado el carnet de conducir. (Ley del abuelo Charnock)

- ☺ Si un letrero dice "una misma talla va bien a todo el mundo" es que no va bien a nadie. (Ley de Glasses)
- ☺ La confusión genera ocupación. (Principio de la ocupación de Hofftedt)
- ☺ En una gran habitación donde se cambian únicamente dos atletas, tendrán los armarios juntos. (Ley de Dorr sobre el atletismo)
- ☺ Cuando el avión en que viajas lleva retraso, el avión que tienes que tomar después sale a la hora. (Ley de la aviación civil)
- ☺ Cuando la gente a quien admiras parece estar pensando profundamente, probablemente están pensando en la comida. (Ley de la grandeza)
- ☺ Siempre es culpa del compañero. (Primera ley del Bridge)
- ☺ Cada cual es víctima de algún otro. (Ley de Dykstra)
- ☺ Cuando el gato se termine de dormir en tu falda, y parezca especialmente adorable y satisfecho, te entrarán ganas de ir al baño. (Ley de la frustración felina)

- ☺ Todo el mundo miente pero no importa, pues nadie escucha. (Ley de Liberman)
- ☺ Los proyectos con objetivos difusos, van bien para evitar el compromiso de tener que estimar los costos. (Primera ley de Golub sobre la informática)
- ☺ Un proyecto planificado sin precisión tarda tres veces más en acabarse de lo que se espera, un proyecto planificado cuidadosamente tarda el doble de lo previsto. (Segunda ley de Golub sobre la informática)
- ☺ El esfuerzo requerido para corregir el curso de un proyecto se incrementa geométricamente en función del tiempo transcurrido. (Tercera ley de Golub sobre la informática)
- ☺ Los equipos de proyectos, odian hacer informes semanales sobre la evolución del proyecto porque padecen claramente de la falta de avances. (Cuarta ley de Golub sobre la informática)
- ☺ Haz lo posible por parecer tremendamente importante. (Primera ley de Spark)
- ☺ El que mata el tiempo no comete crimen, se suicida a sí mismo.

☺ No apuestes nunca por un perdedor, pensando en que su suerte va a cambiar. (Ley de las Vegas)

☺ No importa que hagas tu trabajo muy bien, un superior intentará modificar tus resultados.

☺ Cada organización incluye un determinado número de puestos a ocupar por incompetentes. (Ley de la desviación organizativa)
Corolario: Cuando un incompetente se marcha reclutarán a otro.

☺ Ley del centímetro perdido. Al diseñar cualquier tipo de construcción ninguna dimensión global puede llegar a cuadrar en viernes por la tarde
Corolario: El error se verá claramente el lunes a primera hora.

☺ No hay respuestas, solo referencias quemadas. (Ley de Weiner sobre las bibliotecas)

☺ Durante las crisis que obligan a la gente a tomar alternativas, la mayoría escogerá la peor opción posible. (Ley de Rudin)

- ☺ La velocidad del viento aumentará directamente según el costo del peinado. (ley de Reynold)
- ☺ Cualquier cosa que empieza bien, acaba mal. Cualquier cosa que empiece mal, acaba peor.
- ☺ Las excepciones confirman la regla... y desarman el presupuesto. (Ley de Milles)
- ☺ Cuando las cosas se complican, todo el mundo las deja. (ley de Lynch)
- ☺ La experiencia aumenta directamente según la maquinaria destrozada. (Postulado de Horner)
- ☺ Cuando intentes demostrar a alguien que una máquina no funciona, funcionará.
- ☺ Cualquier programa, cuando funciona, es obsoleto. (Primera ley de la programación)
- ☺ Todos los programas cuestan más y tardan más tiempo de lo esperado. (Segunda Ley de la programación)
- ☺ Si un programa es útil, te lo harán cambiar. (Tercera ley de la programación)

☺ Si un programa no sirve para nada, te lo harán documentar. (Cuarta ley de la programación)

☺ Cualquier programa se va extendiendo hasta ocupar toda la memoria disponible. (Quinta ley de la programación)

☺ El valor de un programa, es inversamente proporcional al peso de los listados que fabrica. (Sexta ley de la programación)

☺ La complejidad de un programa va creciendo hasta que sobrepasa la capacidad del programador que lo tiene que mantener. (Séptima ley de la programación)

☺ Añadir más mano de obra a un proyecto de software que va retrasado, lo retrasa todavía más. (Ley de Brook)

☺ Es más fácil que te lo perdonen, no que te lo permitan. (ley de Stewart sobre la retroacción)

☺ A todos los buenos, los atrapan. (Lamento de Harris)

☺ Los adornos bonitos no van bien. (Segunda ley de la jardinería)

- ☺ El hombre que ríe mientras las cosas le van mal, es que piensa en alguien en quien descargar la culpa. (Ley de Jones)
- ☺ Si no los puedes convencer, por lo menos, confúndelos. (Ley de Truman)
- ☺ No discutas con un loco... la gente puede desconocer la diferencia. (Primera ley de la discusión)
- ☺ Si tu proyecto no funciona, revisa la parte que te parecía que no era importante. (Ley de Biondi)
- ☺ Todo el mundo que trabaja tiene un plan que no funcionará. (Ley de Howe)
  Corolario de Mundes: Todo el mundo que no trabaja tiene un plan que funciona.
- ☺ Los platos agrietados, nunca se rompen. (Ley de Pope)
- ☺ Cuanto más cuesta una cosa, más lejos la tienes que enviar cuando se estropea. (Ley de Vile sobre el valor)
- ☺ Si archivas bien una cosa siempre sabrás donde está, pero nunca la necesitarás. Si no la archivas bien, la necesitarás pero no sabrás nunca donde está. (Principio organizativo de Till)

- ☺ Las oportunidades siempre aparecen en el momento más inoportuno. (Precepto de Duchanme)
- ☺ No hay ningún trabajo tan sencillo, que no se pueda hacer mal. (Ley de Perrusell)
- ☺ Nunca te escucha nadie, hasta que te equivocas. (Ley de Vile sobre la comunicación)
- ☺ El que ríe el último, es que no ha entendido el chiste. (ley de Bochlage)
- ☺ Un buen plan hoy, es mejor que uno perfecto mañana.
- ☺ Si hace mal tiempo, la asistencia bajará. (Ley del reverendo Chichesta)
- ☺ Cuando la gente se libra de hacer lo que quiere, acostumbran a imitarse el uno al otro. (Ley de Heffer)
- ☺ Los gastos crecen siempre hasta alcanzar los ingresos. (segunda ley de Parkinson)
- ☺ El gobierno crece hasta tomar todas las riendas... y todavía crece un poquito más. (Ley de Wiker)
- ☺ El retraso es la peor forma de la negación. (ley de Parkinson sobre el retraso)

- ☺ Nunca se ha hecho nada según las previsiones, o dentro del presupuesto. (ley de Keops)
- ☺ El primer 80% del trabajo, se hace en el 20% del tiempo, y el último 20% en el otro 80% (Regla ochenta ochenta de la elaboración de proyectos)
- ☺ La principal causa de los problemas son las soluciones. (ley de Sevaried)
- ☺ Si pones una cucharada de vino en una tinaja de basura, tendrás basura. Si pones una cucharada de basura en una tinaja de vino, tendrás basura. (Ley de la entropía de Schopenhauer)
- ☺ SONRÍE!!!!!!... Mañana será peor. (La filosofía de Murphy)
- ☺ Un cretino y tu dinero, se harán rápidamente amigos. (ley de Marks)
- ☺ La fastuosidad del vestíbulo, varía de manera inversamente proporcional a la solvencia de la empresa. (Ley de las instituciones)
- ☺ No hay ninguna combinación de catástrofes que resulte más cara que prevenirlas a todas. (Ley de Juhani)

☺ Para conseguir un préstamo, antes tendrás que demostrar que no lo necesitas. (Corolario colateral de John)

☺ No hay nada imposible... para quién no lo tiene que hacer. (Ley de Weiler)

☺ Cualquier idea simple puede ser redactada de la manera más complicada. (Ley de Malek)

☺ El progreso se lleva a término un viernes sí, otro no. (Primera ley de Weinberg)

☺ Si los constructores edificasen edificios de la misma manera que los programadores programan programas, a la llegada del primer obstáculo, se destruiría la civilización. (Segunda ley de Weinberg)

☺ El total de la inteligencia en el planeta es constante; la población no para de crecer. (Axioma del señor Cole)

☺ Hay dos clases de gente: los que dividen a la gente en dos clases y los que no lo hacen. (Distinción de Barth)

☺ La soltería no es hereditaria. (Primera ley de la Socio-Genética)

- ☺ Tan pronto como te pongas delante de una taza de café caliente, tu jefe te dirá que hagas cualquier cosa que no puedas dejar lista hasta que el café esté frío. (Ley de Owen para las secretarias)
- ☺ Cuanto más fría esté la mesa de los rayos X más trozo de tu cuerpo te harán poner encima. (Ley de Edds de la radiología)
- ☺ Sólo la Burrocracia puede enfrentar la burocracia. (Principio de la Burocracia)
- ☺ Cuanto más simple es una cosa, más difícil es cambiarla. (Principio de Eng)
- ☺ Todas las cosas que utilizamos con más frecuencia las encontramos siempre detrás de aquellas que no utilizamos nunca. (Primera ley de Murphy de la cocina)
- ☺ Si sabes que una cosa puede ir mal y tomas las precauciones debidas, siempre habrá otra cosa que irá mal. (Ley del nieto de Murphy)
- ☺ Todo aquello que comienza bien, acaba mal. Todo aquello que comienza mal, acaba peor. (Ley de Pudder)

- ☺ Cualquiera puede tomar una decisión si tiene bastantes datos. Un buen dirigente puede tomar una decisión sin datos suficientes. Un dirigente perfecto puede decidir en la más perfecta ignorancia.
- ☺ La luz del final del túnel, es la luz del tren que viene de frente. (Ley del tío Tom de Murphy)
- ☺ Seguro que el programa de la tele que tú quieres ver, es a la misma hora del que quiere ver tu marido. (Primera ley de Murphy para las esposas)
- ☺ Cualquier cosa que puede ir mal... .irá mal, justo en el momento que tu marido llega a casa. (Segunda ley de Murphy para las esposas)
- ☺ Si pides a tu marido que te traiga cinco cosas del mercado y en el último momento le pides otra que se te había olvidado, seguro que se olvidará de dos de las cinco primeras. (Tercera ley de Murphy para las esposas)
- ☺ Tu marido sale siempre más favorecido en las fotografías que tú le haces de las que sales tú en las que él te hace. (Cuarta ley de Murphy pera las esposas)

- ☺ Cualquier pacto que hagas con tu marido para repartiros el trabajo de la casa hará que su parte sea más pequeña. (Quinta ley de Murphy para las esposas)
- ☺ Si dedicas a una cosa el tiempo suficiente, la estropearás. (Ley de Schmidt)
- ☺ Cuando quieres "tocar madera" descubres de repente que vivimos en un mundo de aluminio y plástico. (Ley de Flugg)
- ☺ El primer sitio donde debes buscar una cosa es el último donde tú esperas encontrarla. (Ley de los buscadores)
- ☺ El libro más importante para completar tu trabajo habrá desaparecido de la biblioteca. Si por casualidad lo encontrases, seguro que faltaría la página más importante. (Ley de Murphy sobre los trabajos escolares)
- ☺ Las pilas de la calculadora, que te han durado todo el curso, se acabarán a la mitad del examen final de matemáticas. (Primera ley de los exámenes)
  Corolario: si compras pilas de recambio estarán gastadas.

- ☺ En el examen final más difícil, el/la chico/a más excitante de toda la clase se sentará a tu lado por primera vez en todo el curso. (Segunda ley sobre los exámenes finales)
- ☺ Hay gente que actúa según las normas, aunque no sepa quien las escribió ni de que normas se trata. (Día de las fuerzas armadas... en USA)
- ☺ Para limpiar una cosa es necesario ensuciar otra, pero es posible ensuciarlo todo sin limpiar nada. (Ley de la conservación de la suciedad)
- ☺ Los problemas complejos tienen soluciones simples, comprensibles y equivocadas.
- ☺ No te preocupes por lo que la gente piense de ti, están demasiado preocupados por lo que tú puedas pensar de ellos.
- ☺ El boletero más lento está situado en la boletería del tren más rápido. (Regla de Flugg)
- ☺ La parte que más te gusta es, siempre, la que escogerá la persona que te precede. (Ley de los autoservicios)

- ☺ El otro carril de la autopista siempre va más rápido.
- ☺ Si cambias de carril, el que has dejado comenzará a ir más rápido que el carril donde ahora tú te encuentras.
- ☺ Cuanto más tiempo estés parado, más posibilidades hay de que te hayas situado en el carril equivocado. (Principio de los embotellamientos)
- ☺ Siempre cuesta más ir que volver. (Primer principio del viaje)
- ☺ Cuando te cortes las uñas, descubrirás, al cabo de una hora, que te hubiesen sido muy útiles.
- ☺ La felicidad en un matrimonio es inversamente proporcional al costo de su enlace. (Ley de Thoms sobre la felicidad matrimonial)
- ☺ El grado de dureza de la mantequilla es inversamente proporcional a la del pan. (Ley de Thiessen de la gastronomía)
- ☺ Sobre cualquier superficie horizontal, se acumulan rápidamente superficies verticales. (Ley de Ringwald de la geometría doméstica)

- ☺ La gloria puede ser breve, pero la oscuridad permanente. (Ley de Simon del destino)
- ☺ Cuando tu equipo de fútbol compra una estrella, se eclipsa. Cuando tu equipo vende un segunda fila, se convierte en figura. (Principio de Nunes sobre la calidad de las figuras)
- ☺ Si te has quedado rezagado, la única manera de recuperar tu posición es batir el récord de velocidad, durante la carrera. (Regla de los rallies)
- ☺ Si un asunto requiere toda tu atención, se producirá cuando estés en la luna. (Ley de Hutchison)
- ☺ El espécimen más interesante, es el que no tiene nombre. (Ley de Jones sobre los zoológicos y los museos)
- ☺ Todo comportamiento puede ser criticado. (Postulado de Harrison)
- ☺ Puedes construirlo a prueba de bombas, pero no a prueba de idiotas. (Ley de Naeser)
- ☺ Si visitas a una antigua amiga, demás está decir, que de la forma más inocente, tu esposa lo sabrá antes de

que tú llegues a casa. (Primera ley de Murphy para los maridos)

- ☺ Un día después del aniversario de tu esposa, verás que el regalo que le hiciste está marcado un 50% más barato. Si tu esposa va contigo, pensará que lo escogiste por su precio. (Segunda ley de Murphy para los maridos)
- ☺ En cualquier actividad organizada de cualquier tipo, un reducido número de personas se convertirán en los dirigentes oligárquicos y el resto en simples seguidores. (Ley de hierro de la sociología de la oligarquía)
- ☺ Los regalos que tu haces a tu mujer nunca están tan bien escogidos como los que le hace a la vecina su marido. (Tercera ley de Murphy de los maridos)
- ☺ El día que tu habías quedado para ir de pesca será el mismo en que tu esposa se ha comprometido para que tú vayas a reparar el grifo a casa de tu suegra. (Cuarta ley de Murphy de los maridos)
- ☺ Los hobbies de tu mujer siempre requerirán tres veces más de tiempo que

los tuyos. (Quinta ley de Murphy de los maridos)

☺ En el cuarto de los trastos, la cosas de tu esposa siempre estarán por encima de las tuyas. (Sexta ley de Murphy de los maridos)

☺ El que ronca será siempre el que se dormirá antes. (Regla de los compañeros de cama)

☺ Lo peor es que tienes el sedal enredado. Lo mejor es lo que pescan los de tu lado. (Primera ley de la pesca de Porkingham)

☺ El primer mosquito que se estrella contra el parabrisas cae justo delante de tus ojos. (Ley de la lotería biológica de la autopista)

☺ El intento de atrapar un objeto que está cayendo provocará más estropicios que si lo dejaras seguir su curso. (Ley de Fulton de la gravedad)

☺ Es imposible empujar una cuerda. (Máxima de Meadow)

☺ Cualquiera es capaz de decidir si tiene suficiente información. Un buen directivo es capaz de decidir sin suficiente información. Un directivo perfecto puede funcionar en la perfecta ignorancia. (Spencer)

- ☺ El cliente que menos paga, es el que más se queja.
- ☺ Cualquier punto de vista tiene su opuesto. (Ley de Thal)
- ☺ Cuando a alguien se le cae una cosa, todos le dan patadas, pero nadie lo recoge.
- ☺ Aquel contacto que has estado cuidando tan costosamente será el primero en irse en una reorganización. (Ley de Joe)
- ☺ Nunca decidas nada, si puedes conseguir que otro tome la decisión. (Principio de Pfeiffer)
- ☺ Si sólo has visto un episodio de una serie de televisión, y ves otro, seguro que es idéntico al que ya habías visto.
- ☺ El que más grita, tiene la palabra. (Ley de Swipple sobre el orden)
- ☺ Nunca puedes hacer sólo una cosa. (Ley de Hardin)
- ☺ Cualquiera que sea popular está condenado a ser aburrido. (Segunda ley de Berra)

☺ La presunción es la madre de todas las conclusiones forzadas. (Ley de Wethern sobre los juicios)
☺ Cuando una máquina automática te devuelve el cambio, las centavos caerán allí mismo, pero será difícil ver las demás monedas. (Ley de Rush sobre la gravedad)
☺ Cualquier cosa que esté sucediendo a nuestro entorno, llegará hasta aquí. (Segunda ley de Perlsweig)
☺ No puedes cruzar un río sobre dos zancos. (Principio de Siddhartha)
☺ Si resulta más barato comprar uno nuevo, la empresa insistirá en repararlo. Corolario: Si resulta más barato repararlo, la empresa insistirá en adquirir el último modelo. (Segunda ley de Jarule)
☺ Sólo existen los errores. (Axioma de Robert)
Corolario de Berman para el axioma de Robert: El error de un hombre es el dato de otro.

- ☺ Equivocarse es humano, pero para complicar las cosas es necesario un ordenador. (Quinta ley de la fiabilidad)
- ☺ En cualquier trabajo con un grupo de gente, ésta será más dispersa de lo originalmente esperado. (Ley de Lee)
- ☺ Un experto es alguien que conoce más y más sobre menos, hasta que llega a conocer absolutamente todo sobre nada. (Definición de Weber)
- ☺ Para descubrir a un experto, escoge a aquel que dice que el trabajo será más largo y costará más.
- ☺ Si tocas dos teclas al mismo tiempo, te saldrá la nota no deseada. (Dilema de Devries)
- ☺ La dirección tiende a asignar los trabajos a los menos capaces de realizarlos. (Ley de Cormelle)
- ☺ La intensidad del viento variará inversamente el número y experiencia de la gente que tiene a bordo.(Primera ley de DEAL sobre la navegación)
- ☺ No importa lo fuerte que sea la brisa al salir del muelle, seguro que parará cuando empieces a salir del puerto.

(Segunda ley de DEAL sobre la navegación)

☺ Las lavadoras sólo se averían a la mitad del ciclo del lavado.
Corolario: Todas las averías coinciden con el día de vacaciones del servicio técnico.

☺ Trabajar en equipo es fundamental. Permite culpar siempre a otro. (Octava ley de Finagle)

☺ Guía de Murphy para a la ciencia moderna: Si es verde y se mueve se trata de biología; si huele mal, de química; y si no funciona, de física o informática.

☺ Principio de Stitzer para a las vacaciones: Cuando prepares el equipaje, toma la mitad de la ropa prevista y el doble de dinero.

☺ Quinto postulado de la programación (de Troutman): Si el diseño de entradas está hecho de manera que rechace todos los datos incorrectos, un imbécil ingenioso encontrará la manera de introducirlos a posteriori.

☺ La blasfemia es el único lenguaje que de verdad conocen todos los programadores.

(Sexto postulado sobre la programación de Troutman)

☺ La montaña se hace más empinada cuanto más te paras. (Ley de Michel para los montañistas) Corolario de Forthingham: La montaña parece más cercana de lo que está.

☺ Cuanto mejor sea tu vehículo, más lejos se te averiará. (Ley de Nelson)

☺ Si todo viene hacia ti, vas en contradirección. (Ley de la vida en la autopista)

☺ Si permites que alguien se ponga delante de ti, los dos iréis al mismo lugar y otro coche se estacionará en el último lugar disponible. (Ley de Athena sobre la cortesía al volante)

☺ Si no tienes prisa, el semáforo se pondrá verde tan pronto como hayas parado tu vehículo. (Ley de Mc Kee)

☺ Te evitarás problemas innecesarios si no quemas tus puentes hasta después de haber pasado por ellos. (Primera ley de la anticipación negativa)

☺ Si puedes llegar a la pieza estropeada, no tienes la herramienta para desmontarla. (Ley de Compbell sobre las reparaciones de coches)

- ☺ Si finalmente puedes sacar la pieza, la tienda de recambios habrá terminado su stock. (Segunda ley de Campbell sobre las reparaciones de coches)
- ☺ Después de haber estacionado en el quinto lugar, encontrarás sitio para dos coches justamente delante del edificio donde vas. (Postulado de Lemar sobre el aparcamiento)
- ☺ Cuando es grande la necesidad, cualquier herramienta u objeto que tienes a mano se convierte en un martillo. (Primera ley de Mr. Bomber sobre el Bricolage)
- ☺ Con independencia de la magnitud de la avería, acabarás inevitablemente cubierto de grasa y aceite del motor. (Ley de Bomber sobre el bricolage automovilístico)
- ☺ Cualquier pieza que se te caiga, nunca llegará al suelo. (Ley de Femos para estimular la reparación de motores)
- ☺ Si te pierdes un número de una revista, será el número en el que estaba el artículo o capítulo que tenías más ganas

de leer. Corolario: Ninguno de tus amigos tampoco tiene este número.

- ☺ Los libros no se pierden cuando se dejan..... excepto aquellos que tienes especial interés en guardar. (Catorceavo corolario de Atwood)
- ☺ El teléfono suena cuando estás en el rellano intentando abrir la puerta. Cuando al fin llegas al aparato, deja de sonar. (Principios universales de Bess)
- ☺ Cuando te equivocas de número, siempre te comunica.
- ☺ La mayoría de la gente se merece a las personas que le rodean. (Ley de Shirley)
- ☺ La gente por la que te sientes atraído(a) siempre piensa que le recuerdas a otra persona. (Primera ley de Arthur sobre el amor)
- ☺ La carta de amor que finalmente te atreviste a escribir se perderá en Correos el tiempo suficiente para que puedas considerarte un imbécil. (Segunda ley de Arthur sobre el amor). Corolario de Pat Ita: Para que esto no te suceda, utiliza el correo electrónico.

- ☺ Siempre es más fácil entrar que salir (o poner que sacar) (Ley de Allen)
- ☺ Si los hechos van contra ti, ampárate en la ley. Si la ley está de tu contra, ampárate en los hechos. Si los hechos y la ley son contrarios a ti, GRITA (La ley de la Ley)
- ☺ Cualquier cosa que hay dentro de un paréntesis, se puede ignorar. (Ley de Bonavista)
- ☺ Ante cualquier situación, compórtate como si fuera normal. (Primera regla de actuación)
- ☺ No hay nada de malo en el sexo por la tele, siempre que uno pueda verlo.(Principio de Python sobre la moralidad en la televisión)
- ☺ La esperanza de vida de un electrodoméstico es inversamente proporcional a su precio y directamente proporcional a su fealdad. (Postulado de Mr. Britt)
- ☺ La duración de un minuto depende del lado de la puerta del baño en que te encuentres. (Ley de la relatividad de Balance)

- ☺ Equivocarse es humano. Cargarle las culpas a otro todavía es más humano. (Ley de Jacob)
- ☺ Robar ideas de uno es plagio. Robar ideas de muchos es investigación. (Ley de un tal Felson)
- ☺ En el mundo hay más asnos que caballos. (Ecuación equina universal)
- ☺ El único programa nuevo digno de verse será eliminado. (Primera ley de Jones sobre la programación televisiva)
- ☺ Si sólo hay dos programas dignos de ver, se emitirán a la misma hora. (Segunda ley de Jones sobre la programación televisiva)
- ☺ El programa que has estado esperando durante toda la semana, no se ha podido emitir por "cuestiones técnicas, rogamos disculpen las molestias" (Tercera ley de Jones sobre la programación televisiva)
- ☺ Los "trastos" crecen hasta el punto de ocupar todo el espacio disponible para guardarlos. (Aplicación de Ryan de la ley de Parkinson)
- ☺ La última persona que ha dejado el trabajo o ha sido despedida cargará con

la responsabilidad de todo lo que no funciona... hasta que otra deje el trabajo o sea despedida.

- ☺ Siempre existe gente dispuesta a trabajar, ayer. (Ley de Zymurgy sobre el trabajo voluntario)
- ☺ En toda organización existe siempre una persona que sabe hacia donde se va. A esta persona la echaran a la calle. (Ley de Conway)
- ☺ La última asignatura que te queda para acabar la carrera desaparecerá del plan de estudios y tendrás que empezar de nuevo todos los estudios. (Ley de Seits sobre la universidad)
- ☺ Los horarios de clase están hechos a fin y efecto de que cada estudiante pierda el máximo de tiempo posible entre las diferentes clases. (Ley sobre los horarios de clase)
- ☺ La asignatura que tienes que aprobar para poderte matricular en la que te interesa, no se imparte hasta el próximo trimestre. (Ley sobre los calendarios escolares)

- ☺ Cuando repases tus apuntes antes de un examen descubrirás que los de la lección más importante son ilegibles. (Primera ley del terror aplicado)
- ☺ Cuanto más estudies de cara a un examen, menos seguro estarás de cuál es la respuesta. (Segunda ley del terror aplicado)
- ☺ El 80% del examen final se basará en una publicación libre que tú no has leído. (Tercera ley del terror aplicado)
- ☺ Todo profesor da por sentado que tú no tienes otra cosa que hacer que estudiar su asignatura. (Cuarta ley del terror aplicado)
- ☺ Si tienes un examen "con libros" te olvidarás los libros. Si tienes que hacer un ejercicio "en casa" te olvidarás de donde vives. (Quinta ley del terror aplicado)
- ☺ A final de curso recordarás que te matriculaste en una asignatura a la cual no has asistido a ninguna clase. (Sexta ley del terror aplicado)
- ☺ La cita más interesante es siempre aquélla sobre la cual no puedes

determinar su fuente. (Ley de Duggan sobre los trabajos académicos)

- ☺ Cuanto más general sea el nombre de un curso, menos aprenderás. Cuanto más específico sea, menos posibilidad tendrás de aplicar lo que hayas aprendido. (Reglas de Rominger para los estudiantes)
- ☺ Un experto, es cualquier persona que viva lejos. (Regla de Mars)
- ☺ Si en todo el verano, solamente te han invitado a tres fiestas, seguro que las tres eran en el mismo día. (Segunda ley de Johnson)
- ☺ Si quieres formar un equipo de atletismo para ganar el concurso de salto de altura, busca una persona que pueda saltar ocho metros, y no ocho personas que puedan saltar un metro.
- ☺ Algunas veces el hombre se enfrenta a la verdad, pero habitualmente se hace el sordo y vuelve la espalda. (Comentario de Mr. Churchill sobre el hombre)
- ☺ Siembra tus campos el sábado por la tarde, y el domingo por la mañana, pide a Dios que la cosecha sea un fracaso y

el gobierno te indemnice. (Credo del labrador ... Yanqui, eh!)

- ☺ Una conclusión, es el punto en el que te cansaste de pensar. (Máxima de Matz)
- ☺ Las computadoras son poco seguras, pero las personas lo son menos. (Primera ley de Gilb sobre las computadoras)
- ☺ Cualquier sistema que dependa de la precisión humana, es impreciso. (Segunda ley de Gilb sobre las computadoras)
- ☺ Los errores no detectables son infinitos, mientras que los detectables son, por definición, finitos. (Tercera ley de Gilb sobre las computadoras)
- ☺ Las inversiones para mejorar la precisión de un sistema, crecerán hasta que sean superiores al probable costo de los errores, o hasta que alguno proponga hacer algo útil. (Cuarta ley de Gilb sobre las computadoras)
- ☺ Un medicamento, es una substancia que cuando se inyecta en una rata, produce un artículo en una revista médica. (Regla de Matz sobre el papel de la medicación)

☺ Antes de pedir que hagan una prueba pregúntate qué harás si el resultado es positivo, y lo que harás si es negativo. Si las dos respuestas son iguales, ... retírate. (Aforismo de Mr. Cochrane)

☺ Las jugadas interesantes se producen solamente cuando estas mirando el marcador o cuando has salido a comprar una gaseosa.

☺ Cuando la cámara enfoque a un atleta, éste escupirá, vacilará, ó se rascara alguna "parte innoble". (Ley sobre las retransmisiones deportivas)

☺ Hay dos clases de personas, las que se preocupan de las cosas y las que se ocupan de ellas. (Ley de Massot sobre las personas)

☺ Cuando no sabes lo que estás haciendo, hazlo con mucho cuidado. (Regla de Ground para los trabajadores de laboratorio)

☺ Las cartas importantes que no contienen errores, "adquirirán" errores en el correo. Los errores correspondientes aparecerán en la primera copia que leerá el jefe. (Primera ley de la murphylogia de la oficina)

☺ Las pantallas que funcionan perfectamente (?) en las horas normales de trabajo, se estropearán cuando las uses por la noche para tus negocios particulares. (Segunda ley de la murphylogia de la oficina)

☺ El único momento en todo el día en el cual te desperezas y te relajas coincide con el único momento en el que el jefe circula a tu alrededor (Teoría de la supervisión selectiva)

☺ Los sobres y los sellos que no se pegan cuando los mojas, se pegarán a otras cosas cuando menos te lo esperes. (Cuarta ley de la murphylogia de la oficina)

☺ Los documentos vitales demostrarán su vitalidad, desplazándose desde el lugar donde los dejaste hasta donde no puedas encontrarlos. (Quinta ley de la murphylogia de la oficina)

☺ Cualquier cosa es posible, si no sabes de qué estás hablando. (Ley de Greens sobre los debates)

☺ Si no escribes exponiendo tus quejas, nunca recibirás el pedido. Si escribes, lo recibirás antes de que tu carta mal educada llegue a su destino. (Ley de Savignano sobre las ventas por correo)

☺ Si lo entiendes, ya es obsoleto. (Ley de Bit sobre el estado actual de la electrónica)

☺ No creas que porque el médico sabe dar un nombre a tu enfermedad, conoce de qué se trata. (Primer principio de los pacientes)

☺ Cuando más atrasadas y tontas sean las revistas que hay en la sala de espera, más rato tendrás que estar. (Segundo principio de los pacientes)

☺ Sólo los adultos tienen problemas con las botellas de análisis infantiles. (Tercer principio de los pacientes)

☺ El último día de la medicación nunca queda en el envase el nombre correcto de las pastillas. (Cuarto principio de los pacientes)

☺ Si te encuentras mejor, probablemente es debido a que tu médico se ha puesto enfermo. (Quinto principio de los pacientes)

- ☺ Todas las unidades de vigilancia intensiva están en el otro extremo del hall. (Primera ley de Telesco sobre las atenciones a las criaturas)
- ☺ Si crees que has sacado la carne del congelador, no lo has hecho. Si crees que te has dejado la cafetera hirviendo al fuego, lo has hecho. (Ley sobre los trabajos culinarios)
- ☺ Cualquier niño que en casa no para de cantar, se queda mudo cuando quieres que haga una demostración a las visitas. (Ley de Witzling sobre el éxito de los padres)
- ☺ Esté en el rincón en que esté, el perro (ó el gato) siempre estará en el lugar más inoportuno. (Principio de los animales domésticos)
- ☺ La probabilidad de que un gato se coma su cena no guarda ninguna relación con el precio de la comida que se le ofrece. (Primera ley de Fish sobre el comportamiento animal)

☺ La probabilidad de que un animal doméstico se ponga histérico es proporcional a la cantidad e importancia de los invitados. (Segunda ley de Fish sobre el comportamiento animal)

☺ No negocies nunca antes de las diez de la mañana ni más tarde de las cuatro de la tarde. Antes de las diez estás inquieto después de las cuatro, demasiado desesperado. (Primera ley de Eddie sobre los negocios)

☺ El autobús llega sólo, cuando ya has andado tanto, que no tiene sentido tomarlo. (Ley de Gray sobre el autobús)

☺ Nunca nadie se preocupa o entiende realmente lo que hace el otro.(ley de la individualidad)

☺ Es mejor tener un final horrible, que horrores sin fin. (Ley de Matschs)

☺ Una comisión son doce personas, haciendo el trabajo de una. (Comentario de Kennedy sobre las comisiones)

☺ La corrupción del gobierno se conjuga siempre en pasado. (Principio del Watergate)

- ☺ Te expliquen lo que te expliquen nunca es toda la verdad. Te hablen de lo que te hablen, te están hablando de dinero. (Primeros dos principios políticos de Tood)
- ☺ Cuando un político tiene una idea, generalmente la tiene equivocada. (Quinta regla de la política)
- ☺ No hay nunca dos partes iguales. (Ley de la playa)
- ☺ Equivocarse es humano, pero parece divino. (Observación de Mae West)
- ☺ Cualquier cosa que se puede cambiar, se debe cambiar hasta que no quede tiempo para cambiar nada. (Primera ley sobre la planificación empresarial)
- ☺ Un loco con dinero, es elegido fácilmente. (Ley de Walton sobre la política)
- ☺ Cuanto más de prisa caes más tiempo necesitas para levantarte. (Ley de Saltamartí)
- ☺ El curriculum ideal llegará un día después de que la plaza haya sido ocupada. (Ley de Drummond sobre el fichaje de personal)

- ☺ Nunca sabes quién tiene razón, siempre sabes quien manda. (Ley de Whistler)
- ☺ La organización de cualquier burocracia se parece mucho a una fosa séptica. Los trozos más gruesos siempre suben a la superficie. (Ley del señor Imhoff)
- ☺ No hay límites al modo de cómo nos pueden llegar las malas noticias. (Ley de Hane)
- ☺ Procura que te vean al lado de gente importante. (Segunda regla de Spark para los ejecutivos)
- ☺ Habla con la autoridad, pero sólo de cuestiones obvias. (Tercera regla de Spark para los ejecutivos)
- ☺ Evita discutir los temas de manera profunda, pero si no tienes otro remedio plantea una pregunta estúpida. Desconcertarás a tu oponente y lo harás cambiar de tema. (Cuarta regla de Spark para los ejecutivos)
- ☺ Cierra siempre la puerta del despacho. Esto coloca las visitas a la defensiva y hace que siempre parezca que estés en una reunión importante. (Quinta regla de Spark para los ejecutivos)

- ☺ Cambiarlo todo es básico para ser un buen líder. (Primera ley de Vay sobre los líderes)
- ☺ Ninguna vida humana, ninguna propiedad y ninguna libertad están seguras mientras se puede legislar. (Postulado de Jacquin sobre el gobierno democrático)
- ☺ Una pipa ofrece a un hombre sabio tiempo para pensar y a un niño alguna cosa para ponerse a la boca.
- ☺ Si algo puede fallar, fallará. (Ley de Murphy modificada)
- ☺ De todo lo que pueda fallar, fallará lo que más inconvenientes cause. (Ley de Murphy modificada)
- ☺ Las cosas abandonadas a sí mismas, van siempre de mal a peor. (Ley de Murphy modificada)
- ☺ La fatalidad ayuda a los defectos, por muy ocultos que estén. (Ley de Murphy modificada)
- ☺ Falle lo que falle, siempre hallaremos quien lo sabía de antemano. (Ley de Murphy modificada)

- ☺ Ley de Murphy: Aunque exista una sola probabilidad de que algo vaya mal, sin duda, irá mal.
- ☺ Teorema de Patrick: Si su experimento funciona es muy probable que lo haga porque está usando equipo equivocado.
- ☺ Constante de Skinner: Es aquélla que al multiplicarla, dividirla, sumarla o restarla del resultado obtenido, nos produce el resultado calculado y esperado. (También se conoce por Factor de Finnigan).
- ☺ Postulado de Horner: La experiencia varía proporcionalmente con el equipo destrozado.
- ☺ Ley de la Perversidad de los Objetos Inanimados: Todo objeto inanimado, independientemente de su composición o configuración, puede producir en cualquier momento, de modo totalmente inesperado y por razones que permanecerán siempre oscuras y misteriosas, actos perversos en contra de nuestros deseos y proyectos.
- ☺ Axioma de Alen: Si todo falla, lea las instrucciones.

- ☺ Principio de las Piezas Minúsculas: La probabilidad de hallar una pieza que cae de la mesa de trabajo varía directamente con su volumen e inversamente con su importancia para completar el trabajo que estemos realizando.
- ☺ Corolario de la Compensación: Se puede considerar un éxito, todo experimento que proporcione un 50% de resultados equivocados con referencia a la teoría desarrollada.
- ☺ Ley de Gumperson: La probabilidad de que se produzca un determinado hecho, es inversamente proporcional al deseo que tenemos de que suceda.
- ☺ Principio de los Pedidos: Los materiales que eran necesarios para el trabajo de ayer, deben pedirse no más tarde de hoy por la noche.
- ☺ Principio VIII de la Ciencia: Por definición, cuando se investiga lo desconocido, no se sabe lo que se va a encontrar.
- ☺ Regla de Kettering: Si algo no funciona es por una razón distinta de la que nosotros creemos.

- ☺ Ley de Gummidge: La experiencia de un investigador varía inversamente con el número de palabras que el público en general entiende de tal sujeto.
- ☺ Factor de Futilidad: Ningún experimento es un fracaso total. Por lo menos puede servir como mal ejemplo.
- ☺ Decimoprimera Ley de Anderson: Nunca se rompe la pieza de la que tenemos recambio.
- ☺ Si esperas un autobús que no llega, o un taxi o que empiece la sesión de una película (cualquier actividad en la que esté prohibido fumar), enciende un cigarro e inmediatamente aparecerán autobuses, taxis y empezará el cine.
- ☺ Si se intenta probar o refutar la Ley de la Mantequilla tirando una tostada con mantequilla sobre una alfombra, la tostada caerá sobre una cara lateral.
- ☺ "Si lavas hoy el coche, mañana lloverá". Ley de Ivan sobre la automoción.
- ☺ Y la extensión lógica de dicha ley:" Si no lavas el coche, habrá sequía"

(Extensión de la ley de Ivan por Carlos).

☺ "Si te recomiendan una película, no vayas a verla, seguro que no es lo que esperas" (Ley de Carlos sobre la cinematografía).

☺ Todo aparato eléctrico está diseñado para proteger a su fusible.

☺ Todo empleado asciende en la empresa hasta que alcanza el puesto de absoluto incompetente.

CHISTES SOBRE ESTADISTICOS Y CIENCIA

(Fuente: www.catedu.es/matematicas_mundo/HUMOR/humor6_probabilidad.htm, http://chistes.developers4web.com/chistes-de-estadisticos/humor-4)

- El 20 por ciento de las personas muere a causa del tabaco.Por lo tanto, el 80 por ciento de las personas muere por no fumar.Así que queda demostrado que no fumar es peor que fumar.

- El 97.3% de las estadísticas han sido claramente inventades.

- La tasa de natalidad es el doble que la tasa de mortalidad; por lo tanto, una de cada dos personas es inmortal.

- El no tener hijos es hereditario; si tus padres no tuvieron ninguno, lo más probable es que tú tampoco los tengas.

- En Nueva York un hombre es atropellado cada diez minutos. El pobre ha de estar hecho polvo...

- El 33 % de los accidentes mortales involucran a alguien que ha bebido. Por tanto, el 67 % restante ha sido causado por alguien que no había bebido. A la vista de esto y de lo anterior, está claro que la forma más segura de conducir es ir borracho y a gran velocidad.

- Un estadístico podría meter su cabeza en un horno y sus pies en hielo y decir que en promedio se encuentra bien.

- En realidad, volar en avión es muy seguro. La práctica totalidad de los fallecidos en accidentes aéreos han muerto al llegar al suelo.

- "¿Has oído ese chiste de estadísticos?".- "Probablemente..."

- Un hombre tenía miedo de coger un avión por aquello de los secuestros aéreos. Mirando unas estadísticas, encontró que la probabilidad de que hubiese una bomba en su vuelo era de 1 entre 1.000, mientras que la probabilidad de que hubiesen dos bombas era 1 entre 100.000. Por lo tanto, a partir de entonces, cuando viajaba en avión llevaba él mismo una bomba.

- Una persona, según la media estadística, tiene medio pene.

- La inmensa mayoría de las personas tiene un número de piernas superior al promedio.

- En los accidentes ferroviarios, el mayor número de victimas suele estar en el ultimo vagón (el primero suele ser la locomotora, y allí no van pasajeros.) Por tanto, una forma de salvar vidas humanas es retirar el último vagón de cada tren.

- La ciudad del Vaticano tiene dos Papas por kilómetro cuadrado.

- Existe una fuerte correlación entre tener los pies grandes y saber multiplicar (Por lo menos si tu muestra incluye niños y personas mayores). Por lo tanto, las personas con los pies grandes son mejores en Matemáticas.

- El consumo de helados y el número de personas que mueren ahogadas están correlacionados. (Cuando hace frío, la gente ni toma helados ni se baña). Por lo tanto, en las piscinas debería estar prohibido vender helados.

- Los hospitales son los lugares más peligrosos del mundo... la probabilidad de morir en un hospital son mucho mayores que las de morir en cualquier otro sitio.

- Manuel, tengo una suerte fatal jugando a la loto. Fíjate que todas las semanas relleno 100 boletos, pero nunca me toca nada. Hombre, tendrías mejor suerte si usases combinaciones diferentes".

- Un hombre tenía miedo de viajar en avión por aquello de los secuestros aéreos. Mirando unas estadísticas, encontró que la probabilidad de que hubiese una bomba en su vuelo era de 1 entre 1.000, mientras que la probabilidad de que hubiesen dos era 1 entre 100.000. Por lo tanto, lo que hizo fue tomar el avión llevando él mismo una bomba.

- Durante la Segunda Guerra Mundial, a alguien se le ocurrió la idea de mirar donde habían sido tocados los aviones al volver de sus misiones y reforzar esos puntos. Así que se empezaron a hacer estadísticas acerca de que zonas del avión estaban más expuestas. Al analizar los resultados, se dieron cuenta de un pequeño detalle: lo que había que reforzar eran las zonas que recibían más balazos de los aviones que NO volvían de sus misiones.

- La probabilidad de tener un accidente de tráfico aumenta con el tiempo que pases en la calle. Por tanto, cuanto más rápido circules, menor es la probabilidad de que tengas un accidente.

- Se acaba de descubrir que las investigaciones en biologia le producen cáncer a las ratas.

- Cuando ocurre un incendio, el número de bomberos suele ser mayor cuanto mayor es el daño causado por el fuego. Por tanto, deben ser los bomberos los que producen los destrozos.

- El 33 % de los accidentes mortales involucran a alguien que ha bebido. Por lo tanto, el 67 % restante ha sido causado por alguien que no había bebido. A la vista de esto, esta claro que la forma mas segura de conducir es ir borracho y a toda velocidad.

- Masticar chicle evita la artritis. Sí, de verdad; a ver ¿cuándo has visto un viejecito artrítico comiendo chicle?

- La gente que usa LINUX vive más que la gente que no lo usa. (Entre otras cosas, suelen tener ya bastantes años y vivir en países desarrollados.)

- El número de matrimonios es el doble que el de divorcios; por lo tanto, uno de cada dos matrimonios acaba en divorcio.

Referencias bibliográficas

- Leyes y principios demostrados empíricamente, espacio digital 'SlideShare', 18 de mayo de 2008.

- Referencia de la frase If anything bad can happen, it probably will en el mensaje "Murphy's Law" (1955) de la lista de

- correo de la American Dialect Society en la Wayback Machine (archivado en 2007-julio-11). (en inglés)

- La demostración empírica de las Leyes de Murphy, sitio digital 'La crisis de los 40', 12 de julio de 2010

- Wikipedia: ADAGIOS https://es.wikipedia.org/wiki/Adagio_%28ling%C3%BC%C3%ADstica%29

- El principio de Hanlon: https://es.wikipedia.org/wiki/Principio_de_Hanlon

- Monleón-Getino. 2015. La Ley de Buxton. Lulu Pres inc. Barcelona. ISBN: 9781326440015 (www.lulu.com)

- La ley de Murphy: https://es.wikipedia.org/wiki/Ley_de_Murphy
- Recopilatorio de la Ley de Murphy: http://es.slideshare.net/dante1665/recopilacin-de-las-leyes-de-murphy

- Humor matemático: http://www.catedu.es/matematicas_mundo/HUMOR/humor6_probabilidad.htm
- Chistes de estadístico: http://comedians-web.es.tl/Estadisticos-nuevo.htm

www.ingramcontent.com/pod-product-compliance
Ingram Content Group UK Ltd.
Pitfield, Milton Keynes, MK11 3LW, UK
UKHW020233250726
13967UKWH00001B/335